DÉCRET DU 20 JUIN 1890

PORTANT RÉORGANISATION

Des Maisons d'éducation de la Légion d'honneur

o+50.

DÉCRET DU 20 JUIN 1890

PORTANT RÉORGANISATION DES

MAISONS D'ÉDUCATION

DE LA

LÉGION D'HONNEUR

PARIS
11, Place Saint-André-des-Arts

LIMOGES
46, Nouvelle route d'Aixe, 46.

IMPRIMERIE ET LIBRAIRIE MILITAIRES

Henri CHARLES-LAVAUZELLE

Editeur.

1890

Librairie militaire H. Charles-Lavauzelle

11, place Saint-André-des-Arts, Paris.

Enfants de troupe.

INSTRUCTION MINISTÉRIELLE DU 12 AVRIL 1888, stipulant les conditions d'admission aux places d'enfants de troupe, dans les écoles militaires préparatoires et à l'orphelinat Hériot (4e édition, à jour jusqu'au 1er août 1890). — Brochure in-8o de 48 pages.. » 60

La librairie militaire Henri CHARLES-LAVAUZELLE possède toutes les formules imprimées qui doivent être établies pour l'admission des enfants de troupe.

Ecoles militaires et écoles régimentaires.

RÈGLEMENT ET PROGRAMME DU 31 JUILLET 1879, pour les écoles régimentaires d'infanterie, mis à jour jusqu'au 31 mai 1889. — Brochure in-8o de 64 pages.. 1 25

ARRÊTÉ MINISTÉRIEL DU 25 FÉVRIER 1889 portant réorganisation des écoles régimentaires dans l'infanterie de marine. — Brochure in-8o de 30 pages.. » 60

INSTRUCTION MINISTÉRIELLE DU 17 JANVIER 1883, portant règlement sur le service des écoles dans la cavalerie. — Brochure in-32 de 32 pages.. » 50

RÈGLEMENT DU 1er SEPTEMBRE 1888 sur le service des écoles régimentaires de l'artillerie et du train des équipages militaires, modifié par décision ministérielle du 13 avril 1889. — Brochure in-8o de 44 pages.. » 50

PROGRAMME DES CONNAISSANCES que doivent posséder les ENGAGÉS CONDITIONNELS D'UN AN à l'expiration de leur année de service. (Art. 56 de la loi du 27 juillet 1872).

Pour l'infanterie.. » 25

DÉCRET DU 20 JUIN 1890

PORTANT RÉORGANISATION DES

MAISONS D'ÉDUCATION

DE LA

LÉGION D'HONNEUR

PARIS | LIMOGES
11, Place Saint-André-des-Arts | 46, Nouvelle route d'Aixe, 46.

IMPRIMERIE ET LIBRAIRIE MILITAIRES

Henri CHARLES-LAVAUZELLE

Editeur.

—

1890

DÉCRET DU 20 JUIN 1890

PORTANT RÉORGANISATION DES

MAISONS D'ÉDUCATION

DE LA

LÉGION D'HONNEUR

Le Président de la République, grand maître de l'ordre national de la Légion d'honneur,

Vu les décrets des 29 mars 1809 et 15 juillet 1810, portant création des maisons d'éducation destinées aux filles des membres de la Légion d'honneur;

Vu les statuts de réorganisation des 3 mars et 16 mai 1816 et l'ordonnance du 27 avril 1821;

Vu les décrets des 22 décembre 1853 et 14 août 1857;

Vu le décret du 14 mars 1881, abrogeant

l'article 55 du décret du 14 août 1857 ci-dessus
visé ;

Vu le statut du 30 juin 1881 ;

Afin d'établir l'unité de direction dans les
trois maisons d'éducation de la Légion d'honneur et de créer de nouveaux débouchés aux
élèves à leur sortie ;

Sur la proposition du grand chancelier,

Le conseil de l'Ordre entendu,

Décrète :

TITRE PREMIER

DISPOSITIONS GÉNÉRALES DES CONDITIONS D'ADMISSION

Art. 1er. — Les trois maisons de la Légion d'honneur, de Saint-Denis, d'Ecouen et des Loges sont instituées pour faire gratuitement l'éducation de huit cents filles légitimes de légionnaires sans fortune, une seule pouvant être admise par famille, excepté dans le cas d'orphelines de père et de mère.

Sur ces huit cents élèves, la maison de Saint-Denis en reçoit quatre cents, la maison d'Ecouen deux cents, la maison des Loges deux cents.

Art. 2. — Des élèves payantes, filles, petites-filles, sœurs ou nièces des membres de l'Ordre peuvent, en outre, être admises dans ces maisons d'éducation,

Savoir : Soixante-quinze à Saint-Denis et quarante entre les deux autres maisons.

Art. 3. — Le prix de la pension d'une élève payante est fixé à 1,000 francs pour la maison de Saint-Denis, et à 700 francs pour les maisons d'Ecouen et des Loges.

A l'entrée d'une élève boursière ou payante à Saint-Denis, les parents payent la somme de 300 francs pour son trousseau.

Dans les succursales, le trousseau est de 250 francs, fourni par la grande chancellerie pour les élèves boursières, et il est payé par les parents pour les élèves payantes.

Art. 4. — Toute jeune fille, pour être nommée dans les maisons d'éducation, devra être âgée de 9 ans au moins et n'avoir pas atteint 11 ans au 1er octobre de l'année dans laquelle aura lieu sa nomination.

Elle sortira de l'établissement, quel que soit son âge, après avoir accompli sept années scolaires, sauf le cas prévu par l'article 12 du présent décret.

Dans le cas où une élève boursière vient à décéder dans l'une des maisons d'éducation, ou est obligée d'en sortir définitivement soit pour raison de santé, soit pour insuffisance d'aptitude et de travail dûment constatée, conformément aux prescriptions de l'article 10, et avant d'avoir terminé sa troisième année d'études, le grand chancelier peut admettre une de ses sœurs à la remplacer.

Les élèves admises ainsi à titre de remplaçantes devront n'avoir pas atteint 11 ans au moment de leur entrée dans l'établissement.

Art. 5. — Les élèves doivent produire, avant leur entrée, un certificat de médecin constatant qu'elles ont été vaccinées ou qu'elles ont eu la petite vérole ; qu'elles n'ont aucun vice de conformation et qu'elles ne sont atteintes d'aucune maladie chronique ou contagieuse.

A leur entrée dans la maison d'éducation, elles seront examinées par le médecin de l'établissement, et leur admission ne deviendra définitive qu'après qu'il aura déclaré qu'elles satisfont aux conditions sanitaires exigées.

Toute élève qui aura suivi les cours d'un établissement d'instruction public ou libre aura de plus à produire un certificat constatant qu'elle a eu une bonne conduite pendant tout le temps qu'elle a appartenu à cet établissement.

Toutes les aspirantes auront, en outre, à subir un examen d'aptitude comprenant une épreuve d'orthographe et une épreuve de calcul dont les conditions seront déterminées par un règlement spécial.

Art. 6. — La date de l'entrée de chaque promotion est fixée au 1ᵉʳ octobre.

Aucune élève ne pourra être admise pendant le cours de l'année scolaire qu'à titre exceptionnel et pour des raisons majeures.

Art. 7. — Entre le 15 et le 30 juillet de chaque année, le grand chancelier établira les listes des candidatures aux places gratüites dans les maisons d'éducation de la Légion d'honneur, et, après les avoir fait approuver par le Président de la République, il assignera à chaque élève, d'après le chiffre des vacances et la situation des familles, la maison dans laquelle elle sera reçue.

Si, par suite des aptitudes particulières d'une élève, il y avait intérêt pour elle à suivre les cours d'une autre maison que celle pour laquelle elle avait été désignée, le grand chancelier pourra, au cours de son éducation et avec le consentement des parents, prononcer son changement de maison.

Un règlement ultérieur fixera les conditions dans lesquelles cette mutation pourra avoir lieu.

Art. 8. — Les maisons d'éducation de la Légion d'honneur sont placées sous l'autorité et la surveillance du grand chancelier.

TITRE II

DE L'ENSEIGNEMENT

Art. 9. — L'éducation des maisons de la Légion d'honneur a pour but d'inspirer aux élèves l'amour de la patrie et les vertus de famille.

Les élèves y reçoivent une instruction et y acquièrent des talents qui peuvent, au besoin, leur créer des moyens d'existence pour l'avenir.

Art. 10. — A leur entrée dans les maisons, les élèves sont réparties dans les diverses classes, suivant le degré de leur instruction.

Chaque année, du 15 au 30 juillet, dans toutes les classes, les élèves seront soumises à un examen de passage à la classe supérieure. Faute d'avoir satisfait à cet examen, une élève pourra être obligée de redoubler la classe qu'elle aura mal faite, ou, s'il y a lieu, elle sera rendue à sa famille.

Art. 11. — L'enseignement est réglé ainsi qu'il suit :

Dans les trois maisons, préparation au brevet élémentaire ou de 2e ordre de l'enseignement primaire.

Aux Loges : Enseignement professionnel ; coupe et confection de robes, broderies, dessin industriel.

A Ecouen : Enseignement commercial, comptabilité et tenue de livres, préparation aux emplois dans les postes et télégraphes, la Banque, le Crédit foncier, etc.

A Saint-Denis : Préparation au brevet supérieur ou de 1er ordre de l'enseignement primaire, enseignement artistique supérieur, musique, dessin, préparation à l'obtention du brevet d'aptitude à l'ensignement du dessin et de la musique.

Préparation pour les stagiaires à l'obtention du diplôme de fin d'études secondaires ou au certificat d'aptitude à l'enseignement dans les lycées et collèges de jeunes filles.

Art. 12. — Les élèves des maisons d'Ecouen et des Loges qui auront obtenu, à l'expiration de leur cinquième année de présence dans l'établissement, le brevet de 2e ordre de l'enseignement primaire, seront transférées, à moins de volonté contraire exprimée par leur famille, dans la maison de Saint-Denis, pour s'y préparer, en deux années, à l'obtention du brevet de 1er ordre.

Toutefois, les élèves qui, après leur première année de préparation, seraient jugées incapables d'acquérir, dans l'année qui leur reste à faire, le brevet de 1er ordre seront réintégrées dans la maison d'où elles sortent pour y suivre les cours spéciaux à chacune de ces maisons.

De même, les élèves de Saint-Denis qui se trouveraient dans cette situation d'infériorité seront, suivant les aptitudes qu'elles auront manifestées et sur le consentement de leur famille, admises au cours supérieur des arts ou envoyées dans les succursales pour y suivre les cours spéciaux.

Dans des cas exceptionnels, le grand chancelier pourra accorder une année de prolongation de séjour dans les maisons d'éducation à des élèves qui, par suite de maladie ou pour d'autres motifs, n'auraient pu terminer, en deux années, leur préparation au brevet supérieur.

Art. 13. — Le bénéfice des travaux manuels exécutés aux Loges par les élèves leur est remis à leur sortie de l'établissement.

Art. 14. — Les élèves font leurs robes, entretiennent leur linge et celui de la maison.

On leur enseigne tout ce qui peut être utile à une mère de famille, comme la préparation des aliments et les travaux de buanderie.

Art. 15. — Pendant la première année, les élèves reçoivent des leçons élémentaires de musique vocale et de dessin.

Pourront être exceptionnellement autorisées à prendre, dès leur entrée, des leçons de piano, les élèves qui, dans leur famille, auront déjà fait une étude sérieuse de cet instrument.

A partir de la deuxième année, les élèves qui montreront des dispositions particulières pour le piano ou le dessin pourront commencer à en prendre des leçons spéciales, sans interrompre toutefois le cours régulier des études classiques.

Art. 16. — Après la quatrième année d'études, les élèves des trois maisons qui montreront de grandes dispositions pour la musique ou

le dessin pourront, sur la demande des familles,
êtres dispensées de certaines parties des études classiques et consacrer plus de temps à
l'étude des arts.

Après la cinquième année d'études, les élèves des deux succursales qui se seront distinguées dans l'étude du dessin ou de la musique
pourront, avec l'agrément ou sur la demande
des familles, être transférées dans la maison
de Saint-Denis, pour y suivre le cours supérieur des arts.

TITRE III

DU PERSONNEL

Art. 17. — *a*) Le personnel de la maison de Saint-Denis est composé ainsi qu'il suit :

DÉSIGNATION.		NOMBRE des parties prenantes.	TRAITEMENT	
			de début.	maximum.
Surintendante................		1	»	6.000
Directrice des études..........		1	2.500	3.500
Surveillante générale..........		1	2.500	3.000
Secrétaire de la surintendante.		1	1.000	1.200
Institutrices..................		10	1.700	2.000
Suppléantes	de 1re classe..	5	»	1.600
	de 2e classe..	7	1.300	1.500
	de 3e classe..	8	1.000	1.200
Stagiaires....	20 à l'instruction........	30	120	240
	6 à la musique........			
	4 au dessin...			
Maîtresses de dessin	de 1re classe..	1	1.700	2.000
	de 2e classe..	2	1.300	1.600
	de 3e classe..	4	1.000	1.200
Maîtresses de musique	de 1re classe..	1	1.700	2.000
	de 2e classe..	6	1.300	1.600
	de 3e classe..	6	1.000	1.200

DÉSIGNATION.	NOMBRE des parties prenantes.	TRAITEMENT	
		de début.	maxi-mum.
Econome....................	1	2.000	2.500
Adjointe à l'économat.........	1	1.200	1.500
Directrice de la lingerie......	1	1.500	2.000
Directrice de l'infirmerie.....	1	2.000	2.400
Adjointe à l'infirmerie........	1	1.200	1.500
Auxiliaire aux services administratifs...................	1	120	240
Directeur de la musique......	1	»	2.700
Sous-directeur de la musique	1	»	»
Professeurs de l'enseignement supérieur du piano.........	2	»	»
Professeur d'accompagnement	1	»	2.400
Directeur du dessin..........	1	»	2.400
Professeurs { d'anglais.....	1	»	1.500
d'allemand...	1	»	1.500
de mathématiques.......	1	»	2.000
de littérature.	1	»	1.600
d'histoire.....	1	»	1.600
de physique..	1	»	1.600
de sciences naturelles....	1	»	1.600
de chimie....	1	»	1.600
Maîtresse de danse et maintien...................	1	»	1.500
Maîtresse de gymnastique....	1	»	2.000

b) Le personnel de la maison d'Ecouen est composé ainsi qu'il suit :

DÉSIGNATION.	NOMBRE des parties prenantes.	TRAITEMENT	
		de début.	maxi- mum.
Intendante.....................	1	»	5.000
Directrice des études.........	1	2.500	3.000
Surveillante générale.........	1	2.200	2.500
Institutrices	5	1.700	2.000
Suppléantes { de 1re classe .	2	»	1.600
de 2e classe..	5	1.300	1.500
de 3e classe..	3	1.000	1.200
Maîtresses de 2e classe..	2	1.300	1.500
de musique de 3e classe..	2	1.000	1.200
Directeur du dessin..........	1	»	1.000
Maîtresses de 2e classe..	1	1.300	1.500
de dessin de 3e classe..	2	1.000	1.200
Maîtresses ... d'anglais.....	1	»	1.500
d'allemand ...	1	»	1.500
Professeur de tenue de livres.	1	»	1.500
Econome	1	1.500	1.800
Directrices ... de la lingerie.	1	1.300	1.500
de l'infirmerie	1	1.500	1.800
Maîtresse de danse et maintien.	1	»	1.000
Maîtresse de gymnastique....	1	»	1.000

c) Le personnel de la maison des Loges est composé ainsi qu'il suit :

DÉSIGNATION.	NOMBRE des parties prenantes.	TRAITEMENT	
		de début.	maximum.
Intendante......................	1	»	5.000
Directrice des études........	1	2.500	3.000
Surveillante générale, directrice des ateliers...........	1	2.200	2.500
Institutrices	3	1.700	2.000
Suppléantes { de 1re classe..	3	»	1.600
de 2e classe ..	4	1.300	1.500
de 3e classe ..	4	1.000	1.200
Directeur du dessin..........	1	»	1.000
Maîtresses de dessin { de 2e classe ..	1	1.300	1.500
de 3e classe ..	1	1.000	1.200
Maîtresses de musique { de 2e classe ..	1	1.300	1.500
de 3e classe ..	1	1.000	1.200
Maîtresse d'anglais...........	1	1.000	1.200
Econome	1	1.500	1.800
Directrice de la lingerie.......	1	1.300	1.500
Directrice de l'infirmerie.....	1	1.500	1.800
Maîtresses de travaux professionnels	2	1.200	1.500
Auxiliaires de travaux professionnels	2	120	240
Maîtresse de danse et maintien	1	»	1.000
Maîtresse de gymnastique....	1	»	1.000

Art. 18. — La surintendante des maisons d'éducation de la Légion· d'honneur est nommée par le Président de la République, sur la proposition dn grand chancelier.

Les intendantes des succursales, le personnel enseignant et administratif sont nommés par le grand chancelier.

Les directrices des études, les institutrices et les suppléantes des 1re, 2e et 3e classes devront être pourvues du brevet de capacité du 1er ordre de l'enseignement primaire, ou du certificat d'aptitude à l'enseignement secondaire.

Art. 19. — Le service religieux est assuré par des ministres des différents cultes.

Art. 20. — Un inspecteur de l'Université délégué par le Ministre de l'instruction publique et agréé par le grand chancelier inspectera, par son ordre, à des époques indéterminées, au point de vue de l'enseignement, les maisons d'éducation de la Légion d'honneur.

Il adressera son rapport au grand chancelier.

Art. 21. — Les maisons d'éducation de la Légion d'honneur sont administrées par des conseils composés de la manière suivante :

Pour la maison de Saint-Denis :

La surintendante, présidente, ayant voix prépondérante ;

La directrice des études ;

La surveillante générale ;

L'économe.

Pour chaque succursale :

L'intendante, présidente, ayant voix prépondérante ;

La directrice des études ;

La surveillante générale ;

L'économe.

Le chef du service des maisons d'éducation à la grande chancellerie pourra, dans certains cas, faire partie de ces conseils, sur l'ordre du grand chancelier.

Art. 22. — Lorsqu'il s'agira de questions d'intérêt général, l'intendante et la directrice des études de chaque succursale seront adjointes au conseil d'administration de la maison de Saint-Denis, pour former le conseil général des maisons d'éducation de la Légion d'honneur.

L'administration centrale de la grande chancellerie est représentée à ce conseil par le chef du service des maisons d'éducation.

Le conseil général des maisons d'éducation de la Légion d'honneur ne pourra se constituer que sur l'ordre du grand chancelier ; il se réunira au palais de la Légion d'honneur, sous la présidence du secrétaire général.

Art. 23. — Les nominations aux divers emplois dans le personnel enseignant ou administratif des maisons d'éducation de la Légion d'honneur sont faites au choix sur la présentation des conseils d'administration de chaque établissement. Un règlement ultérieur déterminera le mode dans lequel cette présentation aura lieu.

Art. 24. — Tous les ans on choisira parmi les élèves des maisons d'éducation de la Légion d'honneur qui donneront des garanties suffisantes par leur caractère et leur conduite, et qui demanderont à être employées dans le personnel enseignant des maisons d'éducation de la Légion d'honneur, un nombre de sujets suffisant pour compléter le cadre des stagiaires candidats aux emplois d'enseignement dans les trois établissements.

Les stagiaires candidats aux emplois d'instruction devront être pourvues du brevet du 1er ordre de l'enseignement primaire ou du brevet d'enseignement secondaire.

Les stagiaires candidats aux emplois d'enseignement artistique (musique ou dessin) devront être pourvues du brevet du 2e ordre de l'enseignement primaire.

Le nombre des stagiaires est déterminé, chaque année, par le grand chancelier, suivant les besoins du service. Il ne peut, dans aucun cas, dépasser le chiffre de trente, savoir;

Stagiaires pour l'instruction.......... 20
— pour la musique........... 6
— pour le dessin............. 4

Les stagiaires pourront être utilisées dans les classes.

Art. 25. — Les dames et les élèves des trois maisons portent, dans l'intérieur de l'établissement, un même costume uniforme.

Les classes sont distinguées comme suit, par les couleurs des ceintures:

Dans les trois maisons :

Classe supérieure de Saint-Denis.......................... multicolore.
1re classe..................... blanche.
2e classe...................... nacarat.
3e classe...................... bleue.
4e classe...................... aurore.
5e classe...................... violette.
6e classe...................... verte.
7e classe...................... jaune.

Art. 26. — Pourront être autorisées à loger en dehors de l'établissement, si elles sont mariées :

Les directrices des études ;

Les institutrices ;

Les maîtresses de dessin et de musique de 1re classe.

Art. 27. — Une décoration spéciale, dont le modèle a été déterminé par le décret du 30 juin 1881, est portée par les dames de la Légion d'honneur, savoir :

1o En écharpe, suspendue au ruban de grand-croix de la Légion d'honneur :

La surintendante des maisons d'éducation de la Légion d'honneur ;

2º En sautoir, suspendue au ruban de commandeur :

Les intendantes des deux succursales ;

La directrice des études de la maison de Saint-Denis ;

La surveillante générale du même établissement ;

La maîtresse de musique de 1ʳᵉ classse ;

La maîtresse de dessin de 1ʳᵉ classe ;

3º Croix d'or, suspendue au ruban d'officier, sur le côté gauche de la poitrine :

Les directrices des études et les surveillantes générales des deux succursales ;

4º Croix d'or, suspendue au ruban de chevalier :

Lés institutrices ;

Les économes ;

Les directrices de l'infirmerie et de la lingerie ;

5º Croix d'argent, suspendue au ruban de chevalier :

Les suppléantes de 1ʳᵉ, 2ᵉ et 3ᵉ classe ;

Les maitresses de dessin et de musique de 1ʳᵉ, 2ᵉ et 3ᵉ classe ;

La seerétaire de Mᵐᵉ la surintendaate ;

Les dames adjointes aux services administra-tifs;

Les maîtresses de travaux professionnels aux Loges;

6º Ruban de chevalier, sans décoration ;

Les stagiaires ;

Les auxiliaires.

A moins d'une autorisation expresse du grand chancelier, ces décorations ne pourront être portées que dans l'intérieur des maisons d'éducation de la Légion d'honneur.

TITRE IV

DU RÉGIME INTÉRIEUR

Art. 28. — La surintendante et les intendantes des succursales ne peuvent s'absenter sans l'autorisation du grand chancelier, excepté dans les cas urgents, dont il sera rendu compte immédiatement.

Les permissions de sortie seront données aux dames par la surintendante et par les intendantes ; il en sera tenu compte sur le rapport journalier.

En dehors des grandes vacances, des vacances de Pâques et de la sortie du Jour de l'An, les élèves ne peuvent sortir des maisons d'éducation de la Légion d'honneur que pour cause de santé ou, pour de graves raisons de famille. La permission de sortie sera donnée par le grand chancelier.

Art. 29. — Le parloir est ouvert, le dimanche et le jeudi, aux heures déterminées par le règlement.

On n'y est admis qu'avec une autorisation du grand chancelier.

Il y a un parloir séparé pour les dames.

Art. 30. — Des dames, en nombre suffisant pour assurer la surveillance et le bon ordre, partagent le repas des élèves au réfectoire.

Une dame couche dans chaque dortoir.

Le grand chancelier décidera quelles sont les dames qui, en raison de leur âge ou de leurs fonctions, peuvent être exemptées de ces divers services.

Art. 31. — La surintendante de Saint-Denis inspectera les succursales deux fois par an, au point de vue de la discipline des dames et des élèves et du régime intérieur de la maison.

A la suite de chaque inspection elle adressera un rapport détaillé au grand chancelier.

Art. 32. — A la fin de chaque année scolaire, une distribution de prix aura lieu publiquement dans chacune des trois maisons.

Les palmarès de ces distributions seront imprimés.

Art. 33. — Le 14 juillet chaque établissement célébrera la fête nationale.

Art. 34. — Des dispositions transitoires, quant à la durée des études, pourront être appliquées aux élèves qui sont en cours d'éducation.

Art 35. — Le Garde des Sceaux, Ministre de la Justice et des Cultes, et le grand chancelier de l'ordre national de la Légion d'honneur sont chargés, chacun en ce qui le concerne, de l'exécution du présent décret.

Fait au palais de l'Elysée, le 20 juin 1890.

CARNOT.

Par le Président de la République :

Le Garde des Sceaux,
Ministre de la Justice et des Cultes,

A. FALLIÈRES.

Vu pour l'exécution :

Le grand chancelier de la Légion d'honneur,

Gal FÉVRIER.

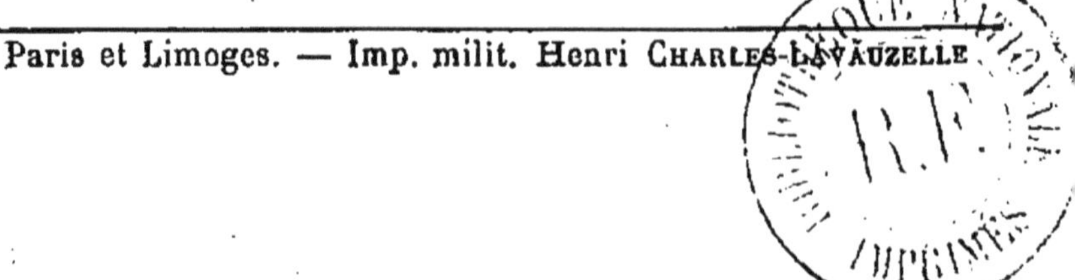

Paris et Limoges. — Imp. milit. Henri CHARLES-LAVAUZELLE